READING POWER
En Español

> Historia de los deportes <

La historia del fútbol americano

Anastasia Suen

The Rosen Publishing Group's
Editorial Buenas Letras™
New York

Published in 2003 by The Rosen Publishing Group, Inc.
29 East 21st Street, New York, NY 10010

First Edition in Spanish 2003
First Edition in English 2002

Book Design: Christopher Logan

Photo Credits: Cover, pp. 12–17, 20–21 © Bettmann/Corbis; pp. 4–5
© Hulton-Deutsch Collection/Corbis; pp. 6–7 © Oscar White/Corbis;
pp. 8–11, 18 © Underwood & Underwood/Corbis; p. 11 (inset) © Corbis;
p. 19 © EISA/AllSport; p. 21 (right inset) © Reuters NewMedia
Inc./Corbis; p. 21 (left inset) © Tom Cheek/Stock Boston/PictureQuest

Suen, Anastasia.
    La historia del fútbol americano/por Anastasia Suen; traducción al
    español: Spanish Educational Publishing.
    p.cm.— (Historia de los deportes)
    Includes bibliographical references (p.)and index.
    ISBN 0-8239-6869-3 (lib.bdg.)
    1. Football —History —Juvenile literature. [1. Football—History. 2.
    Spanish Language Materials.] I.
    Title.

    GV950.7 .S84 2001
    796.332'0973 —dc21
                            2001000592

Manufactured in the United States of America

Contenido

Los primeros años

El fútbol americano viene del rugby. El rugby se empezó a jugar hacia 1820 en Inglaterra.

Los jugadores de rugby se apiñan para un saque de banda.

En 1874, un equipo de rugby de Canadá vino a los Estados Unidos y enseñó el deporte a los estudiantes de la Universidad de Harvard.

Los estudiantes de Harvard cambiaron unas reglas del rugby. En 1875, jugaron con los estudiantes de la Universidad de Yale con las nuevas reglas. Fue el primer partido de fútbol americano. Después otras universidades aprendieron el juego.

Harvard juega contra Yale
en el primer partido.

9

El fútbol americano se volvió
muy popular en las universidades.
A los espectadores les gustaba ver
los partidos porque los jugadores
vivían en las mismas ciudades.
Era el deporte universitario favorito.

A los espectadores les gustaba ir a los partidos.

¡ES UN HECHO!

Los partidos universitarios duraban 70 minutos. En 1906 cambiaron a 60 minutos.

Al principio, el fútbol americano era muy rudo. Muchos jugadores se lastimaban. Hasta se podían dar puñetazos.

Al inicio, los jugadores no se protegían mucho. En la fotografía, uno de ellos no tiene casco.

El presidente Theodore Roosevelt casi prohíbe el fútbol americano porque muchos jugadores se lastimaban.

¡ES UN HECHO!

En 1905, 18 estudiantes murieron y más de 150 se lastimaron en partidos de fútbol americano.

Las ligas profesionales

La primera liga profesional se formó en 1920. Se llamó *American Professional Football Association*. En 1922, cambió de nombre a *National Football League* (NFL).

Equipos profesionales

1920:	11 equipos
2001:	32 equipos

Red Grange fue de las primeras estrellas de la NFL.

El campeonato de la NFL en 1958 le dio más popularidad al fútbol americano. Se volvió muy popular en la televisión. Los espectadores querían ver más equipos y partidos. Así, en 1960 se formó la *American Football League* (AFL).

Los Colts de Baltimore le ganaron
a los Giants de Nueva York
el campeonato de la NFL en 1958.

15

El Super Tazón

En 1967, los dos mejores equipos de la NFL y la AFL jugaron el primer Super Tazón. Los Packers de Green Bay (NFL) le ganaron a los Chiefs de Kansas City (AFL). En 1970, las dos ligas se unieron en una sola.

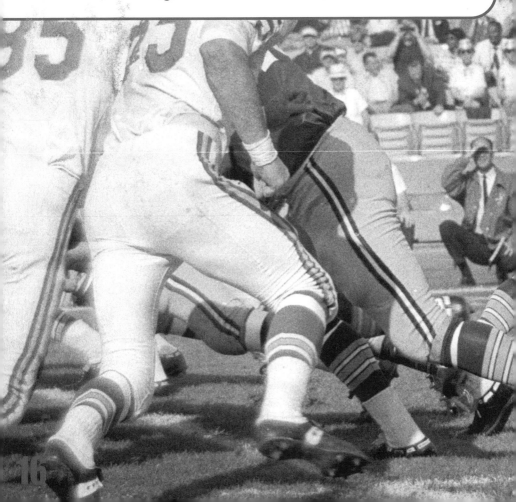

Uniforme y equipo

El uniforme que usan los jugadores ha cambiado con el tiempo. Ahora los jugadores usan más protectores que antes.

Uniforme de 1920

Actualmente, los jugadores también tienen que usar casco. El equipo se ha cambiado para proteger a los jugadores y para que el juego sea más emocionante.

Uniforme actual

El fútbol americano hoy

El fútbol americano es un deporte muy popular en todo el mundo. A millones les gusta su acción.

Glosario

campeonato (el) concurso para seleccionar un ganador

liga (la) grupo de equipos o clubes deportivos

profesional que se hace para ganarse la vida

protectores (los) parte del uniforme para no lastimarse

rugby (el) juego similar al fútbol americano

Super Tazón (el) partido por el campeonato de la NFL

uniforme (el) ropa y equipo necesario para una actividad

Recursos

Libros

Eyewitness: Football
James Buckley, Jr.
Dorling Kindersley Publishing (1999)

Gladiators: 40 Years of Football
Walter Iooss, photographer
Total/Sports Illustrated (2000)

Sitios web

Debido a las constantes modificaciones en los sitios de Internet, PowerKids Press ha desarrollado una guía on-line de sitios relacionados al tema de este libro. Nuestro sitio web se actualiza constantemente. Por favor utiliza la siguiente dirección para consultar la lista:

http://www.buenasletraslinks.com/hist/
futamersp/

Índice

Número de palabras: 310

Nota para bibliotecarios, maestros y padres de familia

Si leer es un reto, ¡Reading Power en español es la solución! Reading Power es ideal para lectores hispanoparlantes que buscan un nivel de lectura accesible en su propio idioma. Ilustrados con fotografías, estos libros presentan la información de manera atractiva y utilizan un vocabulario sencillo que tiene en cuenta las diferencias lingüísticas entre los lectores hispanos. Relacionando claramente texto con imágenes, los libros de Reading Power dan al lector todo el control. Ahora los lectores cuentan con el poder para obtener la información y la experiencia que necesitan en un ameno formato completamente ¡en español!

Note to Librarians, Teachers, and Parents

If reading is a challenge, Reading Power is a solution! Reading Power is perfect for readers who want high-interest subject matter at an accessible reading level. These fact-filled, photo-illustrated books are designed for readers who want straightforward vocabulary, engaging topics, and a manageable reading experience. With clear picture/text correspondence, leveled Reading Power books put the reader in charge. Now readers have the power to get the information they want and the skills they need in a user-friendly format.